LA LUMIÈRE

ET

LES COULEURS

AU POINT DE VUE PHOTOGRAPHIQUE

PAR

M. LÉON VIDAL

Directeur des ateliers de Photochromie du *Moniteur Universel*

(EXTRAIT DE LA *REVUE DE FRANCE*.)

Du 15 Décembre 1877.

PARIS

IMPRIMERIE TYPOGRAPHIQUE DE A. POUGIN

13, QUAI VOLTAIRE, 13

1878

LA LUMIÈRE

ET

LES COULEURS

AU POINT DE VUE PHOTOGRAPHIQUE

PAR

M. LÉON VIDAL

Directeur des ateliers de Photochromic du *Moniteur Universei*

(EXTRAIT DE LA *REVUE DE FRANCE*.)
Du 15 Décembre 1877.

PARIS

IMPRIMERIE TYPOGRAPHIQUE DE A. POUGIN
13, QUAI VOLTAIRE, 13

—

1878

LA LUMIÈRE ET LES COULEURS

AU POINT DE VUE PHOTOGRAPHIQUE

Plus la science se répand, grâce surtout aux remarquables travaux de vulgarisation dont le nombre s'accroît chaque jour, et moins est épais le voile qui cache à nos yeux la plupart des phénomènes physiques, chimiques et physiologiques au sein desquels nous vivons.

Si nous tentons de soulever un coin de ce voile, c'est avec l'espérance de laisser apercevoir plus nettement tout un ordre spécial de vérités acquises et savamment démontrées; c'est pour donner une idée de faits susceptibles d'intéresser tout le monde, parce qu'ils sont du domaine de la vie courante, bien que leur notion analytique n'appartienne encore qu'aux savants, et surtout à quelques rares spécialistes.

Nous désirons, pour notre part bien modeste, faire aussi œuvre de vulgarisation en causant avec nos lecteurs de la lumière et des couleurs, et, pour réaliser notre but, nous allons essayer de traduire nos idées en un langage assez clair, assez usuel pour qu'il soit à la portée de tous.

I

Aux personnes peu initiées aux termes du vocabulaire scientifique, il est peut-être difficile d'expliquer d'une façon technique ce que c'est que la lumière et ce que signifie le mot couleur.

De prime abord quiconque est doué du sens de la vue croit savoir, à n'en pas douter une seule minute, ce que c'est que cet agent physique, sans lequel l'humanité tout entière, si elle existait quand même, ne serait composée que d'une foule immense d'aveugles.

Quant à la couleur, on en parle tout comme le bourgeois gentil-homme faisait de la prose... sans le savoir ; tout comme l'on respire sans être tenu, pour bien accomplir cette fonction essentielle de l'exis-tence, de connaître la composition chimique de l'air.

Il est d'ailleurs impossible de séparer la lumière de la couleur, puis-que la première est la source ou même la raison d'être de l'autre, puis-que, sans lumière, il ne serait pas plus aisé pour nos sens d'avoir, nous ne dirons pas la perception des couleurs, mais même la moindre idée de leur existence, qu'il ne le serait de se rendre compte de ce qu'est la lumière, si on ne la décomposait en ses éléments, qui sont des cou-leurs.

La relation qui lie si intimement ces deux états d'un seul et même agent, qu'il prenne sa source dans la nature ou qu'il soit le résultat d'une combustion artificielle, appartient dans son entier au sujet que nous avons à traiter.

Il ne s'agit point ici simplement de la lumière et des couleurs comme principes examinés d'une façon générale, mais bien de ces substances ou de ces dispositions moléculaires d'un fluide utilisé spécialement par l'art si avancé maintenant des impressions photographiques. A l'aide de rayons lumineux réfléchis, convenablement dirigés et projetés sur un écran, on est parvenu à obtenir des dessins d'une idéale perfection; l'on a fixé à jamais sur une surface plane l'image exacte des effets de clair et d'ombre qui, par leur disposition, constituent à la fois la forme ou le dessin et le modelé d'un objet éclairé.

Cet immense progrès accompli, aucune limite ne s'imposant aux investigations de l'esprit humain, qui de nous ne s'est demandé si jamais il ne serait possible de transformer le rayon solaire, si habile dessinateur déjà, en un peintre merveilleux, parachevant l'œuvre qu'il a si admirablement commencée, et la complétant par la reproduction fidèle des mille et mille couleurs de la nature, des nuances infinies qui décorent ses innombrables productions et les diversifient à un tel degré?

Point n'était besoin d'avoir entretenu la moindre intelligence familière avec la science pour rêver la peinture photographique. L'idée s'en impose dès que l'on voit la plus simple impression daguerrienne, et le plus grand nombre, sans s'arrêter aux difficultés, aux impossibilités peut-être, qui sont encore un obstacle à la réalisation de ce rêve, vit avec la conviction, ou tout au moins avec la douce espérance, que ce miracle scientifique a sa place marquée, dès maintenant, parmi les plus brillantes découvertes d'un avenir très-prochain.

Il ne nous est permis à nous, pas plus qu'à qui que ce soit, de décider d'un avenir que nul ici-bas ne connaît, et nous regretterions, par un scepticisme que rien ne justifierait d'ailleurs, de marcher à l'encontre de notre pensée, en cherchant à désillusionner les esprits doués de cette conviction, que la solution du difficile problème de la fixation photographique des couleurs naturelles est au n mbre des choses possibles.

II

Mais tout d'abord, avant de pénétrer plus loin dans le fond même de notre sujet, faut-il dire ce que c'est que cette collectivité qui groupe sous le nom de lumière et de couleurs un ensemble d'actions dont l'étendue est si générale, et dont l'observation est si intéressante.

Quand nous aurons donné une explication suffisante de ces phénomènes, l'on comprendra bien mieux ce genre d'opération à la fois chimique et physique qui constitue une impression photographique, et l'on se rendra un compte plus exact des raisons qui peuvent faire croire, soit à la probabilité, soit à l'impossibilité de la fixation des couleurs naturelles.

La lumière paraît provenir de la même cause que la chaleur; sa source principale pour notre globe réside dans le soleil d'où nous arrive un inépuisable rayonnement de lumière et de chaleur, se propageant à travers l'espace avec une vitesse considérable, par un mouvement vibratoire continu et dont les ondes jouent un rôle différent suivant que leurs oscillations sont plus ou moins longues : tantôt lumière, tantôt chaleur, tantôt activité chimique.

Au point de vue physiologique, la sensation de la lumière n'est autre chose que la propriété qu'ont les nerfs optiques d'être impressionnés par le rayonnement qui émane d'une source lumineuse ou par la réflexion d'un objet quelconque éclairé par une source de lumière. Cette sensation affecte notre organe spécial de la vue non-seulement en lui donnant l'impression de la forme mais celle encore de la couleur des objets. — Sans la vue nous pourrions arriver à connaître la forme des corps, mais nous n'aurions aucune idée de leurs couleurs.

La couleur est donc, en réalité, une chose qui n'existe pas à l'état isolé, ou si elle existe à l'état de chose propre et distincte, ce qui nous paraît certain, elle ne saurait être perçue dans sa réalité, nos sens ne pouvant la voir qu'à l'aide de la lumière.

Elle résulte, pour notre vue, de la nature même des corps, doués, à des degrés divers, de la propriété de réfléchir plutôt tel groupe de rayons colorés que tel autre.

C'est quelque chose d'impalpable, tout comme le fluide magnétique, le son, l'électricité, et comme la lumière elle-même, dont elle est un des éléments.

Chacun sait, en effet, que si l'on dirige un rayon de lumière blanche ou naturelle sur un prisme, ce rayon, après avoir traversé le prisme en sortira, non plus à l'état de lumière blanche, mais transformé en une bande multicolore ; — c'est ce que l'on appelle le *spectre solaire*. Le fluide lumineux a donc été décomposé en un certain nombre de rayons distincts de la lumière naturelle et l'on voit que ces divers rayons sont les uns violets, les autres indigo, puis bleus, verts, jaunes, orangés et enfin rouges. L'on est frappé, non-seulement par la variété de ces rayons colorés, mais aussi par leur dispersion, puisque le rayon qui, au moment de pénétrer dans le prisme, occupait dans l'espace une zone très-restreinte, s'est transformé, sur l'écran où il est reçu après sa décomposition par le prisme, en une bande bien plus étendue.

Ces notions, qui sont du domaine de la science la plus usuelle, auraient pu être négligées ici si elles ne devaient nous servir directement à démontrer, avec plus de clarté, non-seulement la relation qui existe entre la lumière et les couleurs, mais encore à expliquer les diverses influences de ce fluide sur un très-grand nombre de substances organiques et minérales.

III

Il est bien évident que l'on a connu de tout temps l'action qu'exercent sur les plantes les rayons de la lumière solaire et ses effets de décomposition sur une foule de substances organiques ; mais les faits, précis et sérieusement observés, relatifs aux effets chimiques des rayons naturels ou décomposés, ne remontent guère qu'à la fin du dix-huitième siècle, époque où Scheele reconnut que le chlorure d'argent noircissait par l'action des rayons lumineux.

C'est alors que Ritter, en montrant que l'action produite sur ce même sel s'étendait au delà des rayons ultra-violets du spectre solaire, donna la preuve que la coloration du chlorure d'argent était bien une action chimique et non une action calorifique.

Il importe de dire ici que lorsqu'un spectre solaire est projeté sur un écran sensible à la lumière, il se forme, par impression photographique, non-seulement une image correspondant à la partie visible du spectre, mais cette image imprimée se continue du côté du violet, et bien au delà de la dernière limite visible de cette couleur; c'est là ce que l'on appelle les rayons invisibles du spectre.

D'autre part, en dessous de la dernière limite du rouge visible, l'on a reconnu qu'il existe aussi des rayons invisibles et qu'ils produisent des effets dus plutôt à l'action calorifique qu'à un rayonnement lumineux.

Ces faits expliquent clairement en quoi consistait l'observation de Ritter; nous aurons à les citer d'autres fois dans le cours de cet exposé.

Il est souvent bien difficile de déterminer l'effet produit par la lumière : l'action est-elle physique? est-elle chimique? — Au cas d'une influence chimique, elle porte sur une quantité de matière si faible que l'analyse chimique ne peut servir à la distinguer. Quant à l'action physique, elle existe rarement et le plus souvent elle paraît devoir être imputable à l'action de la chaleur plutôt qu'à celle de la lumière même.

On a trouvé que la lumière, par sa seule présence, amène ou facilite une réaction qui ne saurait s'effectuer sans son intervention.

Il serait trop long de donner ici la nomenclature de toutes les substances impressionnées par les rayons de lumière visibles ou invisibles; leur nombre n'a cessé de s'accroître depuis les remarquables expériences de Gay-Lussac et de Thénard sur la combinaison (nulle dans l'obscurité) d'un mélange de chlore et d'hydrogène, soit à la lumière diffuse, soit en pleine lumière solaire.

Dans bien des cas, la lumière brûle pour ainsi dire certaines matières : l'oxygène pouvant, sous son action, s'unir à divers composés métalliques, ou à un nombre plus considérable encore de substances de la nature organique, et provoquer des réactions intimes qu'un changement de couleur peut seul révéler.

M. Chevreul a donné une preuve de ce fait en exposant à la lumière, dans le vide, quelques-unes des substances auxquelles il vient d'être fait allusion. Leur couleur ne s'est pas sensiblement modifiée, tandis que la décoloration dans l'air était rapide.

Le changement de solubilité du bitume de Judée est le résultat d'une action de ce genre; c'est ce qui a permis de tirer parti de ce fait pour créer sur des planches métalliques des réserves inattaquables par les acides, et entièrement dessinées par la lumière traversant un cliché photographique.

Les rayons lumineux, dans ce cas, rendent insoluble, dans une huile essentielle, telle que la benzine ou l'essence de lavande, toutes les parties de la surface bitumée qu'ils ont pu atteindre. On conçoit que les autres portions de la surface bitumée étant les seules à se dissoudre dans l'un des dissolvants indiqués, il reste à la surface du métal toute une série de réserves rapidement obtenues et dans des conditions d'exactitude que n'atteindrait jamais le plus habile aqua-fortiste.

Les composés d'argent sont jusqu'ici, certainement, ceux qui donnent les résultats les plus intéressants par suite de leur plus grande sensibilité à se modifier sous l'action des rayons lumineux directs et réfléchis ; ce sont des substances photographiques par excellence.

Généralement, la réduction qu'exerce la lumière sur ces composés est surtout plus énergique en présence de certaines matières organiques, telles que du papier, du collodion, de la gélatine, du tannin, etc.

Le charbon favorise aussi la réduction des sels d'argent sous l'influence de la lumière, et l'on en a la preuve bien aisément en immergeant un fragment de charbon dans une dissolution de nitrate d'argent ; — dans l'obscurité, aucune modification ne se produit, mais si le bocal est mis à la lumière, le charbon se couvre bientôt d'argent métallique.

Ces exemples suffisent pour donner une idée de la façon dont la lumière agit sur certains corps, mais son action ne s'exerce pas toujours de la même façon. Plusieurs sortes de liquides ont la propriété d'absorber plutôt tels rayons du spectre que tels autres ; ainsi, des dissolutions d'azotate d'uranium, de bisulfate de quinine, absorbent surtout la partie ultra-violette de l'image du spectre, c'est-à-dire ses rayons invisibles et les plus réfrangibles ; et cette absorption est telle, que de la lumière solaire projetée sur une surface blanche imprégnée de bisulfate de quinine se trouve si bien absorbée dans les parties où se trouve ce sel, que la réflexion des rayons lumineux est à peu près nulle. L'on peut ainsi photographier très-nettement le dessin à peine visible formé sur le papier et en obtenir des images presque noires sur un fond blanc.

Lorsqu'on reçoit le spectre solaire sur des matières chimiquement impressionnables, les seuls rayons qui nous sont rendus sensibles sont ceux qu'elles absorbent dans les parties où elles se colorent.

Plus une surface est susceptible de réfléchir les rayons lumineux, moins naturellement elle en absorbe et, par suite, moins elle est sensible à une action rapide de la lumière. La propriété de l'absorption des rayons lumineux joue donc un rôle fort important dans la recherche des substances propres à l'impression photographique, il paraît donc certain que c'est surtout parmi la catégorie des corps doués de cette propriété qu'il faudrait tenter des essais en vue de progrès nouveaux à réaliser, soit pour avoir une sensibilité plus grande, soit pour obtenir une vérité plus complète des effets chimiques obtenus, comparés aux effets physiques produits sur notre vue.

IV

Quand on compare une épeuve photographique avec le tableau ou avec l'objet en couleurs dont elle est la reproduction, on s'aperçoit bien vite qu'il existe certaines dissonances entre les effets de l'original et ceux imprimés sur la copie. A diverses valeurs lumineuses dans le modèle, correspondent des tons bien plus sombres qu'ils ne devraient l'être relativement à leur aspect lumineux. L'épreuve photographique n'est pas, en un mot, semblable à ce que serait le dessin monochrome fait par un artiste d'après le même sujet.

Là où se trouve du jaune, couleur claire et lumineuse, la photographie a produit un ton plus sombre que dans une autre partie correspondant à un bleu foncé, lequel s'est imprimé avec une valeur relativement plus claire.

L'absorption des rayons chimiques ne s'est pas opérée dans le rapport voulu pour que l'image résultant de cette action soit comparable à celle que l'on aurait dessinée telle qu'on la voit.

Les yeux doués d'une vue normale sont donc impressionnés par les rayons réfléchis qui les frappent d'une tout autre façon que le composé minéral qu'ils modifient chimiquement, et l'effort des chercheurs doit tendre à trouver un composé qui puisse subir une impression chimique durable aussi identique que possible avec celle, si rapide qu'elle soit, que subit l'œil normal.

Ce problème n'est pas impossible à résoudre. — Il suffirait de trouver un composé qui serait également sensible à l'action de tous les rayons des diverses couleurs du spectre solaire.

On remarque, par exemple, que lorsque l'image du spectre solaire est projetée sur un écran sensible formé par de l'iodure d'argent, ce sont les rayons bleus, violets et ultra-violets qui sont absorbés, dans un temps donné, en plus grande quantité que les rayons, moins réfrangibles, verts, jaunes et rouges.

Eh bien! si au lieu d'employer de l'iodure d'argent dans l'état où il se trouve durant les opérations courantes de la photographie usuelle, l'on parvenait à y joindre d'autres substances capables d'absorber les rayons inférieurs au bleu, et cela, sans nuire au pouvoir absorbant de l'iodure d'argent pour les rayons bleus et violets, l'on aurait un composé sur lequel la projection spectrale produirait une impression plus complète, puisque la bande colorée tout entière aurait été absorbée depuis le rouge jusqu'au violet, et l'effet photographique révélera alors une image analogue à celle qu'aurait produite la même bande spectrale si elle n'avait été formée que d'une traînée lumineuse unicolore.

Qu'on nous pardonne d'entrer dans ces détails ; c'est grâce à eux que nous arriverons à mieux retracer l'état actuel de la fixation des couleurs naturelles et surtout à permettre à chacun de se former une idée assez nette des résultats déjà obtenus dans cette voie, et de ce qui reste à faire pour que ce *desideratum* ait quelque chance de se réaliser.

V

Dans le cas qui vient de nous occuper, il n'est point encore question des rayons colorés s'imprimant avec leurs couleurs propres, mais seulement de ces divers rayons agissant sur une substance sensible avec la même intensité. Ce problème, bien plus simple à résoudre que celui qui a trait à la fixation des couleurs elles-mêmes, n'est point encore résolu.

Or, s'il est déjà très-difficile, puisqu'on n'y est point arrivé encore, en dépit de sérieuses recherches, d'obtenir que, dans un temps donné, le spectre solaire produise sur une surface sensible une bande d'égale valeur partout, l'on conçoit combien plus complexe est le problème de la fixation des couleurs naturelles, puisqu'il s'agit, en ce cas, non pas seulement de découvrir une substance identiquement sensible à l'action de tous les rayons du spectre solaire, mais encore douée de la merveilleuse propriété de subir, sous l'influence de chacune des couleurs de la nature, une modification moléculaire telle, que, à chaque place où tomberait un rayon réfléchi d'une couleur et d'un aspect déterminés, on retrouverait, plus ou moins solidement imprimée et fixée, une image de la forme, du modelé, de l'éclat et de la couleur de cette réflexion. Il faudrait, en un mot, retrouver, sur la surface sensible, l'image telle qu'on la voit sur un écran dépoli.

M. Edmond Becquerel, qui a fait de si remarquables travaux sur la lumière, a cru devoir tenter la recherche de la substance *caméléon*, dont la propriété serait à la fois et de se colorer suivant les couleurs des rayons réfléchis sur elle et de conserver l'empreinte de ces couleurs naturelles.

Avant lui, plusieurs observateurs avaient remarqué que le chlorure d'argent prenait différentes colorations, suivant la couleur de la lumière qui agit sur lui. Seebeck, sir J. Herschell, Hunt, s'étaient aperçus de la coloration rougeâtre du chlorure d'argent impressionné par des rayons rouges.

Ces données pouvaient bien être un point de départ pour M. E. Becquerel, mais il devait approfondir l'étude des faits déjà observés et pousser, plus loin que ses devanciers, cette recherche intéressante à un si haut degré. Ses premiers essais dans cette voie datent de 1838.

Sans suivre pas à pas la marche de ses beaux travaux, nous les résumerons suffisamment pour qu'on puisse en apprécier toute la portée scientifique.

L'état dans lequel devait se trouver le chlorure d'argent a d'abord attiré l'attention de M. Becquerel, et c'est en modifiant successivement l'état moléculaire de cette substance sensible à la lumière qu'il a pu remarquer les différences qui se produisaient, suivant le mode opératoire employé, sous l'influence des rayons du spectre prismatique. Il est ainsi parvenu à créer une sorte de *rétine minérale* conservant l'impression colorée des rayons spectraux.

La substance préparée de façon à produire l'effet de coloration le plus complet est, selon lui, du *sous-chlorure d'argent*. C'est un corps légèrement violet, d'une préparation délicate, et qu'il convient de former à la surface de plaques de cuivre argenté plutôt que sur du papier, ainsi que l'a fait M. Poitevin en 1865. Les épreuves du spectre lumineux, obtenues par M. Poitevin sur du papier, étaient moins belles que celles de M. Becquerel sur plaques métalliques. Dans l'un et l'autre cas, on a pu obtenir des images colorées et parfois assez vives, mais le plus souvent, suivant l'expression juste employée par M. Becquerel, on conservait comme un *souvenir du spectre*. Pour rendre la même idée en ouvrant une porte sur l'avenir, nous avons appelé cette même image faiblement colorée, *une espérance des couleurs*.

Il va sans dire que le savant éminent dont nous rappelons les travaux s'est livré à une série considérable d'expériences des plus délicates et des plus ingénieuses pour arriver à tirer de cette sorte de rétine artificielle des résultats mieux marqués. Il est ainsi arrivé à obtenir des colorations du spectre de plus en plus étendues. Il est même parvenu, à l'aide d'un recuit d'une durée variée, à modifier la nature de la sensibilité de ses plaques, et, en supprimant les rayons ultra-violets ou invisibles, dont nous avons parlé plus haut, avec un écran liquide formé par une dissolution de sulfate de quinine, il a pu limiter l'impression produite sur la plaque sensible à celle des rayons perçus par la rétine.

La possibilité démontrée de reproduire avec les couleurs une partie des rayons du spectre conduisait à la possibilité de fixer les images colorées de la chambre noire. C'est ce qui s'est en effet réalisé, mais toujours dans les mêmes conditions de délicatesse expérimentale et de faiblesse dans les résultats. Pourtant l'on pouvait remarquer que la lumière blanche donne lieu à une impression à peu près blanche, et que les diverses teintes composées produisent des impressions à peu près de même teinte qu'elles ; aussi la question de la reproduction des images colorées de la chambre noire a-t-elle préoccupé M. Becquerel dès ses premières études sur cet intéressant sujet.

En 1848, il fit de nombreux essais dans cette voie, mais la difficulté des opérations convenables à la formation d'un sous-chlorure d'argent, apte à recevoir les impressions des couleurs, est tellement grande qu'il trouvait là d'abord un sérieux obstacle à un succès suffisant. D'autre part, le sous-chlorure d'argent s'impressionne avec une telle lenteur que des objets éclairés par un plein soleil devaient poser pendant plusieurs heures en face de la chambre noire. Il va sans dire que, dans la lumière diffuse, la durée de l'exposition était considérablement plus longue.

Les résultats ainsi obtenus soit à la chambre noire, soit en exposant à la lumière directe une image coloriée translucide, au contact d'une couche sensible, n'ont jamais produit, en définitive, que des impressions différentes de celles que le même faisceau de rayons colorés exerçait sur la rétine. Il faut donc se garder de chercher à comparer l'effet optique visible avec celui de l'impression obtenue sur la matière sensible.

D'une part, les rayons invisibles n'impressionnent pas la rétine, tandis qu'ils ont une action énergique sur les surfaces sensibles ; c'est là un premier et sérieux élément d'erreur.

D'autre part, il est difficile de se mettre à l'abri de toute réflexion des rayons de la lumière blanche ou de la lumière diffuse, et l'action chimique de ces rayons vient s'ajouter à celle des réflexions colorées et en modifier naturellement le résultat.

On le voit, ce n'est pas une chose bien simple que d'utiliser l'étonnante propriété qu'a le sous-chlorure d'argent d'être une sorte de rétine minérale. Bien des causes d'erreur conspirent contre le succès cherché, sans parler encore de l'altération à la lumière des images colorées ainsi produites, altération assez rapide, et qui oblige à maintenir ces faibles impressions dans l'obscurité, si l'on tient à les conserver longtemps.

Jusqu'à ce jour, les expériences n'ont porté que sur un seul corps, le sous-chlorure d'argent ; l'on n'a pu découvrir aucune autre substance, chimiquement sensible, donnant les mêmes résultats et jouissant de la faculté de conserver l'empreinte des rayons lumineux de diverses couleurs.

M. Niepce de Saint-Victor a répété vers 1851 les mêmes expériences, mais sans arriver à des résultats autres que ceux qui avaient déjà été obtenus et publiés par M. Becquerel. Nous ne connaissons aucune découverte spéciale aux travaux particuliers de M. Niepce, qui s'est borné à suivre pas à pas les premières indications de son prédécesseur pour des opérations que ce dernier a depuis mieux étudiées et même perfectionnées.

De tout ce qui précède il résulte, et ici nous laissons la parole à M. Becquerel lui-même[1], « que les reproductions des images du spectre et de celles de la chambre noire avec leurs couleurs naturelles n'ont encore qu'un intérêt purement scientifique, et que l'on ne peut songer à leur application actuelle, puisque ces impressions ne subsistent que dans l'obscurité et s'altèrent peu à peu à la lumière.

« Toutes les tentatives faites jusqu'ici pour empêcher cette altération n'ont pas réussi, et ce n'est que lors d'un état de passage que la matière sensible possède la propriété remarquable de conserver l'empreinte des rayons lumineux actifs ; quand cette matière a éprouvé sa transformation complète, toute coloration a disparu. Trouvera-t-on le moyen de conserver ces images quand elles restent exposées aux rayons solaires ? Les arts pourront-ils s'enrichir d'images peintes par la lumière ? C'est ce que l'on ne saurait affirmer actuellement. »

M. E. Becquerel ne doute pas qu'en étudiant mieux encore les effets et la préparation de la matière, quant à présent unique en son genre, qui a la faculté de reproduire les rayons lumineux actifs, et qui permet, dit-il, de *peindre avec la lumière*, on ne puisse obtenir de meilleurs résultats, « tant sont profondes, les modifications physiques que l'on peut faire subir à cette matière impressionnable si remarquable. »

Tel est l'état actuel de la question. Nous ne pouvions mieux faire que de le résumer en citant textuellement les paroles mêmes du savant le plus compétent sur un pareil sujet.

VI

Ainsi que nous venons de le démontrer, ce n'est pas peu de chose que d'arriver à mettre d'accord la sensation de la vue et l'impression photographique, — que de trouver une substance qui y verrait, — qu'on nous permette cette comparaison, — comme y voient nos yeux.

Bien que les expériences de M. E. Becquerel soient de nature à donner quelque espoir d'une solution, au moins partielle, du problème qui

1. E. Becquerel : *La Lumière, ses causes et ses effets;* c'est dans ce magnifique ouvrage que nous avons puisé bon nombre de faits cités dans notre travail.

nous occupe, elles ne suffisent point encore à nous satisfaire, quand nous étudions plus intimement cette délicate question.

Pour que la substance sensible, capable de conserver les couleurs simples ou composées qui la frapperaient, pût remplir le but désiré, il faudrait, non pas simplement s'en tenir aux couleurs seules du spectre solaire, mais faire des essais de reproduction de toutes les gammes des couleurs naturelles, et des divers métaux [1].

C'est à tort que l'on dit qu'il y a dans le spectre solaire le principe de toutes les couleurs. Y voit-on des couleurs ayant l'aspect métallique de l'or, de l'argent et des autres métaux? Y voit-on le blanc tel qu'il existe matériellement, tel qu'il nous est représenté par la neige, par les plumes et les poils d'une infinité d'animaux, tel qu'il existe dans les fleurs, tel qu'il se montre dans un nombre considérable de composés chimiques, sels de plomb, de barium, de potassium?

La réunion de tous les rayons prismatiques forme bien de la lumière blanche, mais cet aspect lumineux que nos couleurs blanches peuvent seules imiter à peu près, grâce à l'emploi de contrastes convenables, ne saurait être réalisé, pas plus que l'éclat et la couleur du feu, pas plus que les brillantes étincelles qui jaillissent des cristaux, pas plus que le rayonnement du soleil et de toutes les sources de lumière.

Il existe donc une impossibilité bien évidente d'arriver jamais à produire, sur n'importe quel véhicule, papier ou métal, des images dont les effets seraient absolument comparables, dans la copie, à ceux produits sur la vue par l'original.

L'art, à l'aide de certaines conventions et en utilisant toutes les substances colorantes qu'il peut trouver dans la nature et l'industrie, obtient certainement des résultats vraiment merveilleux. Mais il procède par degrés, ajoutant successivement à l'œuvre commencée tout ce qui est nécessaire à l'effet cherché en enlevant ce qui pourrait lui nuire, usant enfin de tous les artifices susceptibles de conduire au but.

Il dispose à volonté du blanc et du noir, couleurs matérielles pour le peintre artiste, fluide éclatant ou absence de toute couleur pour le peintre photographe.

Nous venons de dire ce que c'est que le blanc; quant au noir, ce n'est ni une couleur ni une sensation, c'est plutôt l'absence de l'une et de l'autre : pour l'aveugle tout n'est-il pas noir? C'est une pure per-

---

1. Vainement nous avons cherché comment on espérerait arriver, par la combinaison des rayons colorés du spectre, à réaliser la couleur métallique. C'est pourtant bien une couleur, elle joue un rôle considérable dans l'aspect des corps de la nature, et c'est une donnée qui a bien son importance quand on s'occupe de la fixation des couleurs naturelles.

ception idéale. Le noir, n'est pas susceptible de plus ou de moins, et l'on ne peut passer du blanc au noir que par une dégradation du blanc, pas plus que monter du noir au blanc, que par un accroissement du blanc ou par une intensité de sensation blanche s'accroissant peu à peu jusqu'au rayonnement le plus éclatant, ou décroissant graduellement jusqu'à rien ou à l'obscurité, qui est, en ce cas, l'égale de rien ; pour être mieux compris, nous dirons que le noir n'est pas plus une couleur que le silence n'est un son ou une sensation. — Le silence est au bruit ce que l'obscurité est à la lumière.

Au début de cette étude, nous avons expliqué combien il était difficile déjà d'arriver à obtenir de tous les rayons diversement colorés et réfléchis par un corps quelconque, qu'ils produisent, sur une substance sensible, un effet chimique identique en rapport avec l'intensité lumineuse visible.

Il n'était question que d'une image monochrome qui serait, si la relativité des valeurs chimiques égalait celle des effets vus, comparable à la reproduction d'une grisaille. Les couleurs directes, en ce cas, agiraient toutes avec une intensité semblable, et l'image réfléchie et fixée sur une plaque sensible serait, en une seule couleur quelconque, la contre-partie bien fidèle des dégradations de tons produites par des reliefs plus ou moins accusés.

Quand on aura découvert la substance également sensible à tous les rayons colorés, l'on aura, selon nous, réalisé un grand progrès sur les procédés actuels, sans pourtant être beaucoup plus près de la solution du problème des couleurs.

On a vu combien est plus compliquée cette recherche et quelles difficultés matérielles s'opposent encore à son succès ; il serait pourtant téméraire de porter à ce sujet un défi à la science ; dans ces derniers temps, elle nous a causé de telles surprises, elle a fait des découvertes tellement imprévues, qu'on a bien le droit de compter encore sur de nouveaux et de merveilleux prodiges!

PARIS. — TYPOGRAPHIE A. POUGIN, 13 QUAI VOLTAIRE. — 10520.